jeux

histoires

bricolages

recette

calendrier

bricolages

histoires

jeux

calendrier

recette

histoires

bricolages

jeux

recette

www.casterman.com

Déposé au ministère de la Justice, Paris (loi n°49.956
du 16 juillet 1949 sur les publications destinées à la jeunesse).
Dépôt légal : octobre 2006.D.2006/0053/522
Imprimé en Belgique

martine

l'album de l'année

Jouer

lire

Découvrir

Cuisiner

Bricoler

d'après les albums de Gilbert Delahaye et Marcel Marlier

collaboration : Sophie Flamand

casterman

sommaire

lire · jouer · réaliser · cuisiner

ce livre appartient à :

nom : Jeanfils Chiara

adresse : 139 Wyngate Road
Moon Township PA 15108

offert par :

Marraine

le 23 décembre 2006.

un poète

Si tu lis mes albums, tu me connais un peu. **Je suis une petite fille comme beaucoup d'autres.** Mais en réalité, je suis née de l'imagination de deux artistes : un poète et un illustrateur.

Le poète, c'est Gilbert Delahaye.

Il est né en Normandie en 1923, puis il a travaillé en Belgique, aux Editions Casterman. Comme il aimait beaucoup écrire des poèmes et des histoires pour les enfants, monsieur Casterman lui a demandé d'écrire les aventures d'une petite fille. C'est ainsi qu'à 30 ans, il écrit **"Martine à la ferme"**. L'album a connut un succès immédiat.

et un illustrateur

L'illustrateur s'appelle Marcel Marlier.

Depuis qu'il est tout petit, il adore peindre et dessiner. Très doué, à 23 ans, il a déjà réalisé de très beaux livres illustrés. Il habite à Tournai, en Belgique, justement où se trouvent les Editions Casterman. C'est là qu'il a reçu le texte de "Martine à la ferme" écrit par Gilbert Delahaye et en me dessinant, il a donné vie à la petite fille que je suis...

Grâce à eux, j'ai fait des tas de choses !
J'ai appris à nager, à monter à cheval.
J'ai pris l'avion et le bateau.
J'ai fait de la voile, du ski, du théâtre et du camping. Je suis allée à la mer, à la montagne, au zoo. J'ai appris à danser, à m'occuper d'un bébé.
Je suis même partie en montgolfière !
Aujourd'hui, je suis une petite fille dont les aventures sont connues dans le monde entier.

faisons connaissance

martine, c'est moi !

Tu vois je suis une petite fille comme les autres. Je pourrais être ton amie. Nous pourrions nous croiser au coin de la rue, dans ta classe, dans ton école.

Parfois, je me sens encore **très petite**

et quand la grippe me cloue au lit, j'aime me faire dorloter... par ma maman.

Pourtant, je suis déjà une "grande". On peut me faire confiance. Je ne vais pas sur la lune, bien sûr ! Je ne défends pas un château fort, mais, comme toi, j'apprends à rouler à vélo, je pars en classe de découverte ou en stage de cuisine.

Bien sûr, les choses ne vont
pas toutes seules.
Il faut apprendre,
recommencer, s'acharner.
Tu as probablement eu un peu
peur en apprenant à nager.
Moi aussi ! Mais je suis aidée par les gens qui
m'aiment : mes parents, bien sûr ! Et puis j'ai aussi
des copains et des copines de ma classe et de mon quartier.

J'aime beaucoup les animaux
et ils me le rendent bien.
Âne, moineau, lapin, chaton, j'adore
les observer et soigner les petites
bêtes que l'on croise parfois
sur sa route.

Mais de tous les animaux, mon préféré c'est
mon chien **Patapouf**. Je partage tout avec lui :
des jeux, mais aussi des chagrins et des échecs.

Lui et MOI, on est pareils !

une famille : des parents,

Comme tout le monde, j'ai un papa et une maman. Dans les albums, on ne voit pas très souvent ma maman. Et pourtant, elle est bien là. Elle me prépare de SUPERBES ANNIVERSAIRES, me coud de jolies robes, soigne mes bobos, me console quand j'ai du chagrin. Elle m'aide si j'en ai besoin, et me GRONDE quand je fais des bêtises. J'aime lui faire plaisir. Je lui cueille des bouquets de fleurs, je range la maison, je garde mon petit frère et je fabrique des cadeaux pour la fête des mères.

Mon papa est fort occupé. Pourtant, il est toujours là quand j'ai besoin de lui. Il sait bricoler et monter la tente de camping. Il regarde des dessins animés avec nous. Parfois il se FÂCHE, mais jamais très longtemps.

deux frères

JEAN

Jean, c'est mon grand frère. À nous deux, nous avons aménagé le jardin. Il a vraiment les doigts verts !
Avec moi, il prépare des cadeaux, range la maison, fait les courses.
Mais si tu as des frères ou des sœurs, tu sais comment ça se passe !
ON S'AIME BIEN, mais on aime aussi se taquiner !

Alain, mon petit frère, est un vrai concentré de bonheur. C'est très chouette de pouvoir s'occuper d'un petit bout de chou.
Je suis fière de le promener au parc et de lui faire des câlins.
Mais Alain n'est pas une poupée !

ALAIN

Il pleure quand il a faim, asperge tout autour de lui quand il prend son bain et exige qu'on le surveille constamment !
Sinon, gare aux bêtises !
J'ai l'impression de grandir quand je m'occupe de lui ! Dorénavant je peux sans crainte faire du baby-sitting !

un grand-père

Mon grand-père, c'est le papa de ma maman.
Je l'appelle Papy.
Il a conservé toute sa fantaisie d'enfant et il aime s'amuser.
ALERTE et **bricoleur**, il m'a fait découvrir des choses peu communes, comme les voitures anciennes.

Il est toujours d'accord pour m'accompagner et a participé à la fête des fleurs.
Il m'a appris à rouler à vélo, et surtout à freiner !
Depuis, ***nous faisons de longues promenades***.
Papy sait beaucoup de choses.
Il me raconte comment était la vie avant, quand ma maman était elle-même une petite fille.

une grand-mère

Dans les albums, on voit moins souvent ma grand-mère.
Mais je me sens bien avec elle ! Elle AIME LA VIE, elle aime rire, elle a de bonnes idées et un grenier qui déborde de souvenirs.

Elle fait certaines choses "à l'ancienne" et j'aime ça.

J'aime quand elle me donne un bain en plein air, dans un baquet, comme autrefois. Chez elle les choses sont simples et naturelles ; on cueille les fruits du jardin, on récolte les légumes, on fait de gros bouquets de fleurs. Elle n'est jamais pressée. Elle prend le temps de décorer la table, d'étendre la lessive au jardin, et moi...

des oncles, des tantes...

J'ai aussi des oncles, des tantes, des cousins et cousines. Avec l'oncle Gilbert, Jean et moi, nous avons eu la chance de voyager en montgolfière. C'est un peu effrayant de s'élever dans les airs, dans une simple nacelle. Mais si quelqu'un t'accompagne et s'y connaît, cette expérience peut devenir un merveilleux souvenir.

C'est grâce à l'oncle Philippe que j'ai appris l'équitation. Il m'a proposé de passer quelques jours dans son manège. Avec son fils Gilles, j'ai découvert tous les soins que demande un cheval. Je sais maintenant monter, mais j'ai aussi appris à aimer les chevaux, à m'en occuper, à les comprendre.

Tante Lucie, c'est la fantaisie et l'originalité à toute heure.
Elle a encore une vieille 2CV et un chien César, qui rêve parfois de voler.
Elle a aussi un beau perroquet vert, nommé Amigo !
Quand il m'arrive d'être malade, je suis contente de passer chez elle ma convalescence.

des cousins et cousines

J'ai aussi une petite cousine, Hélène.
Elle habite le Canada. Pour son deuxième anniversaire, elle a traversé l'Atlantique avec ses parents et j'ai enfin pu faire sa connaissance.

Et puis, il y a les jumelles, Sandrine et Sandra. Quand je les garde, elles m'en font voir de toutes les couleurs. Elles font des bêtises en cascade. Mais on ne peut même pas leur en vouloir : elles sont trop mignonnes.

Leur grand frère, le cousin Alexis est plus raisonnable, mais lui aussi est encore petit et il faut l'aider à faire ses devoirs.

des amis

Ma meilleure amie, c'est Nicole. On peut se parler pendant des heures, se confier des secrets. Elle et moi, on a le même âge et les mêmes goûts. Elle a beaucoup d'imagination. On s'invente des histoires et on finit par y croire. Vraiment, *on partage tout* :les petits secrets, les grosses frayeurs et les grands fous rires.

Ludo, lui, est un peu rêveur. C'est un poète qui aime la nature et les oiseaux. Mais il a souvent besoin d'être aidé. Il se perd en excursion et ne se débrouille pas toujours très bien. Pourtant, *je l'aime bien ce petit bonhomme !* Sous son air distrait, Ludo possède de vrais talents. Il dessine très bien et est très doué en cuisine.

À l'école, j'ai rencontré Cynthia, une nouvelle élève qui vient de l'Inde. Je l'ai aidée à découvrir sa nouvelle école.

Moi aussi, j'ai été la "nouvelle" dans la classe et j'étais bien contente quand Agnès est venue vers moi.

Tous mes amis ne sont pas forcément des enfants. En vacances j'ai rencontré Flo, une randonneuse qui m'a fait partager sa passion pour la nature, et Isabelle, une violoncelliste qui m'a donné l'envie d'être, moi aussi, musicienne.

J'ai aussi rencontré un ami dans un endroit inattendu : à l'hôpital ! Quand j'ai eu la jambe cassée, j'ai fait la connaissance de Cédric. Il était soigné pour une méningite. Curieux endroit pour une rencontre ! En tout cas, le séjour a été moins pénible à deux.

Teckel à poil long, Patapouf m'accompagnerait au bout du monde. Il est de toutes mes sorties, de toutes mes aventures, de toutes mes découvertes. Il partage tous mes jeux, se réjouit de mes bonheurs, console mes chagrins. Il s'inquiète parfois pour moi et donne l'alerte quand je suis en danger. Un tantinet donneur de leçons, ce chien a une excellente opinion de lui-même et se considère comme indispensable à toutes les activités. Il est d'ailleurs un peu jaloux de mes autres compagnons et il ne comprend pas toujours bien la vie des humains. Mais un jour, il s'est perdu en ville et là j'ai compris combien il était important pour moi.

Il est bien plus qu'un simple petit teckel ;

c'est mon plus fidèle allié!

Pour mon petit chat **Moustache**, tout est prétexte à jouer : une feuille qui s'envole, une chaussure qui traîne par terre, une pelote de laine, le ruban d'un cadeau, tout !

C'est une **adorable petite boule de poils**, avide de câlins, tendre et espiègle. Tout l'amuse et tout l'intrigue. Surtout les moineaux qu'il dévore... avec les yeux !
Mais avec ses allures de félin, il ne ferait pas de mal à une mouche. Lui et Patapouf aiment se faire peur, se taquiner, un peu comme s'ils étaient frère et sœur.

Tu connais l'expression être "têtu comme un âne" ? Hé bien, avec **Cadichon**, c'est le cas !
Il n'en fait qu'à sa tête, sème la pagaille à la ferme et refuse d'obéir. Mais s'il est buté, il a aussi bon cœur. Et quand il décide d'être gentil, il l'est vraiment ! En fait, Cadichon est un *grand sensible*, un peu soupe au lait. S'il boude c'est qu'il a du chagrin.

réalise ton arbre généalogique

Maintenant, comme moi, fais des recherches dans les albums de famille. Utilise d'anciennes photos pour réaliser un portrait de tes parents, grands-parents et de tes frères et sœurs.
Note simplement le prénom de tes oncles, tantes, cousins et cousines.

grand-père
+
grand-mère
grand-père
+
grand-mère
oncle
tante
cousin
cousine
papa
maman
oncle
tante
cousin
cousine
frère
toi
sœur

fais les portraits

de tes meilleurs amis

dessine ou photographie

tes animaux favoris

mini BD à lire

Martine au parc

suite

Les pigeons n'ont pas peur...

Sois bien sage Patapouf !

Quand on fait le tour du parc en voiture,
c'est Patapouf qui conduit les chevaux.
MARLIER

Qui vient jouer au bac à sable ?
Ou sur le toboggan ?
Qui vient grimper à l'échelle de corde ?
Les enfants s'amusent tout l'après-midi.
À cinq heures, le rideau se lève. Guignol apparaît.
Quelle merveilleuse journée, hein Patapouf ?

à toi de raconter

Utilise des dessins, des photos ou des papiers découpés...

une journée de vacances

CRAAAC!!!!!

les mots cachés

En observant les oiseaux, Ludo s'est égaré dans le parc.

 oie

 perroquet

 toucan

 pélican

 pingouin

 aigle

 cygne

 manchot

 calao

 grue

 marabout

 chouette

 ibis

 nid

les oiseaux du parc

Entoure dans la grille, les noms de tout ce qu'il a rencontré en se promenant.

i	p	e	l	i	c	a	n	u	m
s	b	h	c	a	l	a	o	o	a
b	f	i	a	i	g	l	e	i	r
z	e	s	s	o	i	g	t	e	a
p	e	r	r	o	q	u	e	t	b
g	p	i	n	g	o	u	i	n	o
r	m	a	n	c	h	o	t	e	u
u	n	i	d	c	y	g	n	e	t
e	t	h	i	t	o	u	c	a	n
c	h	o	u	e	t	t	e	r	n

À la résidence des Sapins...
il y a des bancs et de la verdure.
C'est là que s'amusent Jean et Martine
Aujourd'hui, ils jouent aux cow-boys et aux indiens.
Mais les chats du voisinage se bagarrent et Patapouf se lance à leur poursuite.

Martine a perdu son chien

Et dans le métro ?
Personne !
Tickets
Bonjour madame, nous cherchons un petit teckel.
Jean et Martine sont fatigués.
Il leur reste des tickets d'autobus pour rentrer à la maison.

Où est Patapouf ?
Martine est inquiète.
Il reviendra
La nuit tombe...
Pauvre Patapouf...
On sonne. L'agent de quartier l'a retrouvé en faisant son jogging.
Quel bonheur ! Viens mon Patapouf.

le dédale

Qui va aider Martine à retrouver Patapouf ?

1 l'agent de police du quartier ?

2 l'ouvrier qui travaille sur le chantier ?

3 le garçon sur le marché ?

4 les dames à la terrasse d'un café ?

1
3
2
4

cherche les 7 erreurs

Observe bien ces deux images. En recopiant le dessin N°2, l'illustrateur a oublié 7 éléments. Quels sont-ils ?

trouve l'ombre correspondante

1

2

3

4

le puzzle sous la neige

L'étang est gelé. Les chemins sont recouverts de neige.
Martine, papa, Jean et Patapouf font de la luge.
Observe bien ce dessin.

Observe maintenant les petits détails repris dans les cases.
S'ils font partie du grand dessin, inscris un X en dessous
et un O s'ils n'en font pas partie.

1

2

3

4

5

6

7

8

Fabrique un gâteau de ballons pour tes invités.

Sur la porte de ta maison, un gâteau coloré attend tes invités. Aucune hésitation, c'est ici qu'on fête ton anniversaire... Entrez les amis !

TON MATÉRIEL :

- du carton d'emballage
- une paire de ciseaux
- de la gouache
- des ballons à gonfler :
2 petits rouges,
3 gros jaunes,
2 longs, 1 rouge et 1 blanc
- un feutre noir indélébile
- une feuille de papier crépon vert
- de la colle universelle
- du fil de laine rouge

1. Dans du carton d'emballage, dessine puis découpe un panneau en forme de gâteau à 3 étages, selon les indications du dessin ci-contre. Découpe autant de bougies que tu as d'années à fêter !

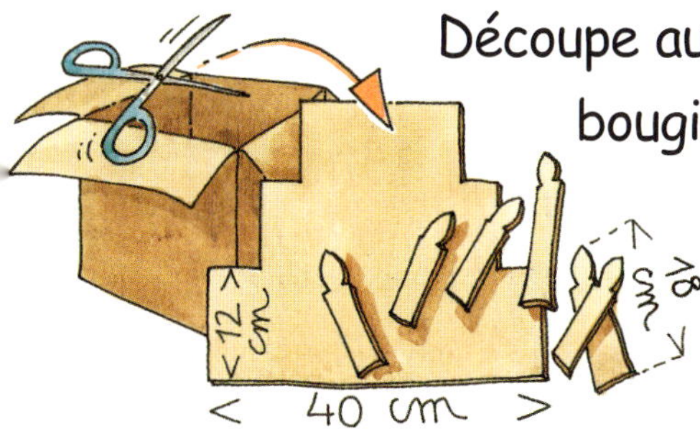

2. Sur une des faces du panneau, peins 6 bandes rouges et blanches : commence en bas avec le rouge, termine en haut avec le blanc. Peins les bougies dans les couleurs de ton choix.

3. Découpe 2 cercles d'environ 14 cm de diamètre dans le papier crépon vert. Pose ton doigt au milieu de chaque cercle et rabats le papier tout autour. Tortille le bout, puis étale les bords restants pour faire le feuillage de la fraise.

4. Gonfle les 2 petits ballons rouges et fais un nœud pour les fermer. Avec le marqueur, dessine des petits points sur les ballons, comme les grains de fraise. Fixe le feuillage avec un point de colle au sommet des deux fraises.

5. Gonfle les 5 autres ballons et fais un nœud. Coupe 3 entailles en bas du gâteau, glisse les nœuds des 3 ballons jaunes. Fais 2 entailles aux coins du deuxième étage du gâteau, place-y les 2 ballons fraises. Fais 6 petits trous dans le carton et passe-y le fil de laine comme sur le dessin.

6. Passe dans les fils les 2 ballons longs, le rouge en bas, le blanc en haut. Ecris ton nom au marqueur sur le ballon blanc. Colle les bougies au sommet du gâteau. Enfin, suspends ton gâteau sur la porte de ta maison.

Le cake des souris pour Halloween

les ingrédients :

- 200 gr de chair de potiron râpée.
- 3 cuillères à soupe de farine (ou 50 gr)
- 5 cuillères à soupe de noix de coco râpée (ou 100 gr)
- 6 cuillères à soupe de sucre (ou 120 gr)
- 2 oeufs
- 75 gr de beurre fondu
- Le zeste râpé d'un citron non traité

- 1 petit sachet de sucre à la vanille
- 1 petit sachet de levure en poudre
- Une bonne pincée de cannelle
- Une pincée de sel

Préparation : 10 minutes

Cuisson : 45 minutes

Et pour servir :

-des petites souris en gomme, des crottes de souris ... en chocolat !

1 Préchauffe le four à 220° (th. 7). Dans un plat creux, mélange tous les ingrédients à la fourchette.

2 Beurre un moule à cake rectangulaire d'environ 8cm sur 25cm. Verse la préparation. Enfourne et laisse cuire pendant environ 45 minutes.

Laisse tiédir ton cake avant de le démouler.

3 Pour servir, coupe des tranches de cake épaisses de 2,5 cm et avec une petite cuillère, prélève un demi-cercle dans le bas de chaque tranche.

Sur chacune des assiettes, dépose une tranche debout, parsème de crottes de souris en chocolat tout autour et ajoute une souris en gomme qui sort du trou !

les mots fléchés

c

a

i s

n u

Des pâquerettes en perles pour jouer à la coquette...

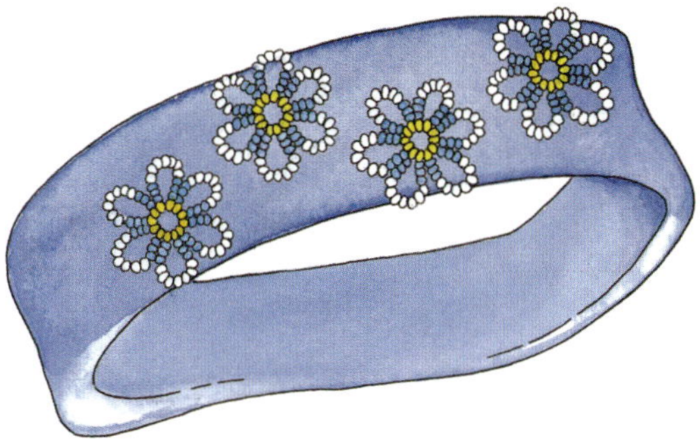

Ton matériel :

Pour chaque pâquerette
- 12 perles de rocaille jaunes
- 36 perles de rocaille bleues
- 42 perles de rocaille blanches
- 50 cm de fil de laiton

1 Pour le cœur de ta pâquerette : enfile 12 perles jaunes à 3 cm de l'extrémité du fil et forme un cercle en torsadant les 2 fils.

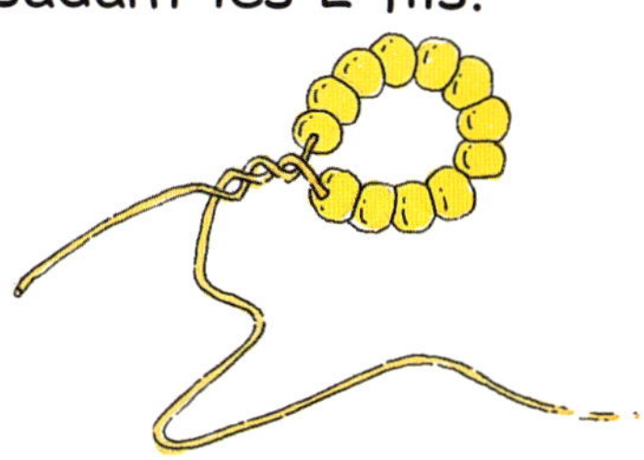

2 Pour les pétales de ta pâquerette enfile 3 perles bleues puis 7 blanches et encore 3 bleues. Repasse le fil par le centre du cœur et fixe ton pétale en coinçant le fil entre la 2e et la 3e perle jaune.

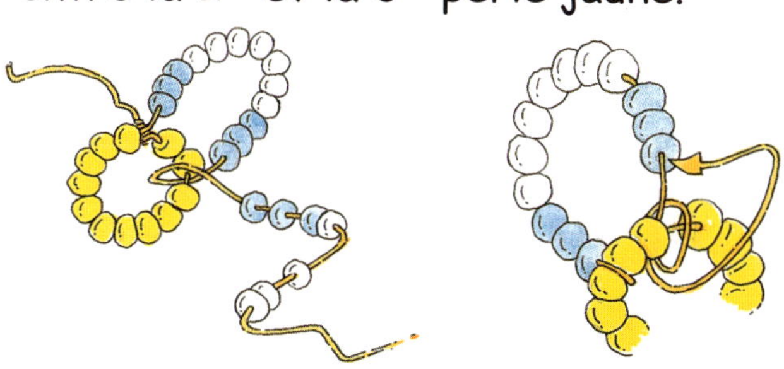

Recommence pour former 6 pétales tout autour du cœur.

3 Pour terminer, enroule les 2 bouts de fil sur le fil du cœur et cache-les en les repassant dans une 3e ou une 4e perles.

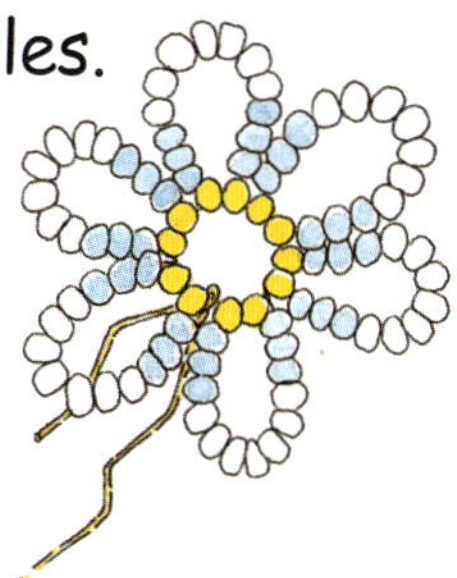

4 Lorsque tu auras réalisé quelques 5 pâquerettes, il ne te restera plus qu'à les coudre sur l'un de tes bandeaux préférés.

Si tu préfères, tu peux coudre tes pâquerettes sur un chapeau ou un tee-shirt, en faire un pendentif ou les adapter sur un collier !

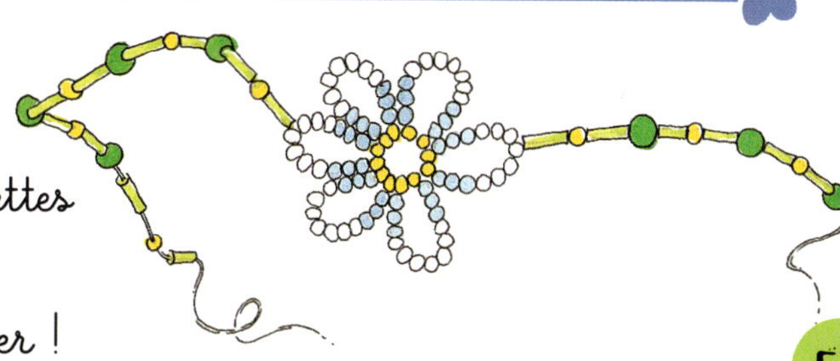

1
12
10
11
6
15
5
4

Chaque dessin encadré est spécifique au moyen âge. Aide-toi du vocabulaire, page suivante, puis reviens à l'image, et, de mémoire, donne la signification de chaque illustration.

le vocabulaire du moyen âge

1. Le hennin : En forme de cône, parfois très pointu, c'est un chapeau réservé aux dames de la haute société.

2. Le chaperon : Il s'agit d'une courte cape, qui ne couvrait que les épaules et était surmonté d'une capuche.

3. Les échoppes : Ce sont les magasins du moyen âge. Les clients n'y entrent pas ; les échanges se font par les fenêtres.

4. La pinte : Pour faire des gobelets ou des choppes, on utilisait la terre cuite ou le métal. La pinte est une grosse choppe d' 1/2 litre.

5. Les fleurs de lys : C'est le symbole de la royauté. On les retrouve un peu partout, comme dessin d'ornement.

6. Les poulaines : Ce sont de très longues chaussures en cuir, dont le bout est recourbé. Il fallait être riche pour pouvoir payer autant de cuir, de là l'expression "vivre sur un grand pied".

7. Le château fort : c'est un château fortifié, garni de hautes tours qui permettent de voir venir l'ennemi. En cas d'attaque, toute la population pouvait venir s'y réfugier.

8. Le blason : c'est le dessin qui symbolise une famille ou une ville. Il est peint sur une grande pièce de métal.

9. Un teckel : Tu le reconnais, c'est Patapouf ! Au moyen âge, les teckels étaient très appréciés. Ils accompagnaient les seigneurs à la chasse et étaient chargés de "lever" le gibier, c'est-à-dire de l'effrayer pour qu'il sorte de sa cachette.

10. Le pourpoint : C'est le vêtement des hommes. Il s'agit d'une tunique à manches longues sur laquelle on noue une ceinture. Aujourd'hui on utilise encore l'expression "à brûle pourpoint" qui veut dire "par surprise", comme si un vêtement se mettait à brûler à l'improviste.

11. La hotte : C'est un grand panier que l'on porte sur le dos. Comme celui du Père Noël !

12. Les colombages : Ce sont les poutres en bois qui soutiennent les maisons. Au moyen âge, elles étaient apparentes.

13. Le portail : Pour se protéger des attaques, les villes étaient entourées d'un grand mur (le mur d'enceinte) et pour pénétrer dans la ville, il fallait passer par le portail, la porte d'entrée de la ville.

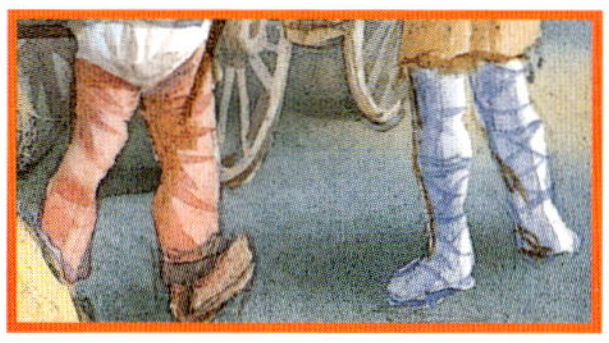

14. Les braies : ce sont les ancêtres de nos pantalons. Mais comme il n'existait ni tirettes, ni élastique, on les faisait tenir sur les jambes en les nouant avec des lacets de cuir.

15. Plume d'oie : C'est une grande plume d'oiseau dont le tuyau taillé en pointe et plongé dans l'encre, servait à écrire.

16. Les créneaux : les tours des châteaux forts étaient surmontées d'un muret percés d'encoches. Ainsi, les chevaliers qui défendaient le château pouvaient lancer leurs flèches en restant à l'abri.

quiz martine

1 Dans «Martine baby-sitter» les jumelles Sandrine et Sandra aimeraient appeler leur maman. Mais qui répond vraiment au téléphone ?

A C'est un Espagnol

B C'est un Américain

C C'est maman

2 Comment s'appelle «l'étrange voisine» de Martine?

A Potiron macaron

B Clémentine Citrouille

C Cyclamen Citrouille

3 À quelle heure Martine, Jean et Patapouf prennent-ils le train pour aller à Dieppe ?

A 11 h 57

B 13 h 40

C 10 h 40

4 Qui est Martin ?

A Un ours

B Un cheval à bascule

C Un ami de Martine

A

B

C

5 Où se trouve la sixième plume dans «Martine au pays des contes» ?

A Dans un coquillage

B Au sommet d'un arbre

C Sous une pierre calcinée

6 Martine aide Cédric à faire ses devoirs…

A Il apprend à lire

B Elle revoit la leçon d'histoire

C Elle l'aide à faire ses calculs

7 Pourquoi Martine boude-t-elle ?

A Elle a eu une mauvaise note à l'école

B Elle va déménager

C Elle s'ennuie

8 Que fait Martine avant de s'endormir ?

A Elle écrit dans son journal

B Elle relit ses leçons

C Elle écrit à son amie

9 À la récréation Martine console un petit.

A Il a fait une chute

B Il est malade

C Il a perdu son ticket de cantine

10 Martine est trempée, que s'est-il passé ?

A Elle a reçu une nuée d'orage

B Elle est tombée d'une barque

C Elle a glissé d'un radeau

Solutions des jeux

34-35 les mots cachés : les oiseaux du Parc

i	p	e	l	i	c	a	n	u	m
s	b	h	c	a	l	a	o	o	a
b	f	i	a	i	g	l	e	i	r
z	e	s	s	o	i	g	t	e	a
p	e	r	r	o	q	u	e	t	b
g	p	i	n	g	o	u	i	n	o
r	m	a	n	c	h	o	t	e	u
u	n	i	d	c	y	g	n	e	t
e	t	h	i	t	o	u	c	a	n
c	h	o	u	e	t	t	e	r	n

Album :
"martine en classe de découverte"

40-41 le dédale

C'est l'agent de quartier qui a retrouvé Patapouf, le soir en faisant son jogging. Album :**"martine a perdu son chien"**

42 cherche les 7 erreurs

Sur le second dessin, l'illustrateur a oublié :

1. Le lapin en peluche
2. Le deuxième bouton du tiroir
3. Le bouton de la robe de Nicole
4. Les boutons de rose du bouquet de fleurs
5. Le cadre avec un clown
6. La barre de fenêtre
7. La queue de Patapouf

43 trouve l'ombre correspondante

L'ombre n°1 a cinq doigts
L'ombre n°2 a le bras trop court
l'ombre n°4 n'a pas de mèches dans les cheveux
L'ombre n°3 est la bonne !

44-45 le puzzle sous la neige

1	X	2	X	3	O	4	X
5	X	6	O	7	X	8	X

50-51 les mots fléchés

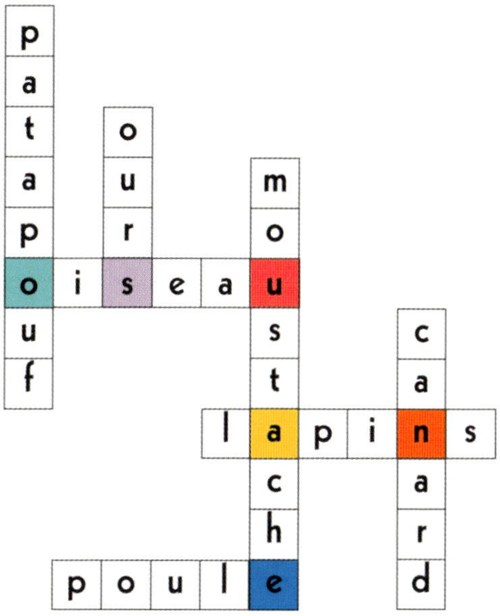

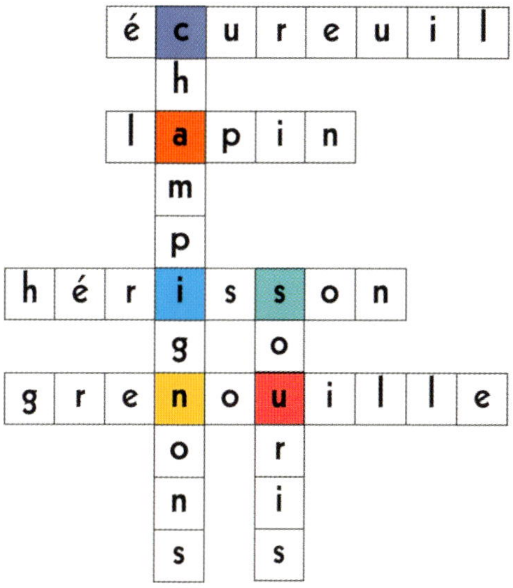

58-59 quiz Martine

1 B C'est un américain qui décroche : **"martine baby-sitter"**
2 C Cyclamen Citrouille : **"martine, une étrange voisine"**
3 B 13h40 : **"martine prend le train"**
4 A L'ours s'appelle Martin : **"martine au cirque"**
5 A Dans un coquillage : **"martine au pays des contes"**
6 C Elle l'aide à faire ses calculs : **"martine baby-sitter"**
7 B Elle doit déménager : **"martine va déménager"**
8 A Elle écrit dans son journal : **"martine et le chaton vagabond"**
9 C L'enfant a perdu son ticket de cantine : **"martine à l'école"**
10 C Elle a glissé du radeau : **"martine, un mercredi pas comme les autres"**

calendrier

jeux

histoires

bricolages

recette

calendrier

bricolages

histoires

jeux

calendrier

recette

histoires

bricolages

recette

jeux